**CÍRCULO
DE POEMAS**

E depois também

João Bandeira

Soleira

Acorreram à minha porta carteiros
amoladores pedintes
caixeiros de todas as cores
o vendedor de banana empurrando
seu carrinho de mão e que aceita cartão
a engenheira do nhoque de mandioquinha
o sujeito que grita — É ovos é ovos
o marido da vizinha os filhos do pipoqueiro
o cortejo do excapitão de braços com devotos do eclipse afinal

E livros aquém do uso jornais acesos pela manhã
cravejadas iguarias via uberesfolados entregadores
propostas tantalizantes modestos assaltos de ocasião
dívidas sempre adiadas faltas com amigos
conselhos de família oficiais de justiça
Ajax e outros apregoados heróis higienistas
as mais gasosas melodias de ondes insabidos
das velhas namoradas esquecidas
cobrando sonhos e acertos de colchão

Nenhum nenhumas trazendo
por setecentos dias mais trinta dinheiros
o bem que alguém me quereria e mal sabia eu

Sentido Tijuca

Por qual via — se é que sim — agora transita
aquele Cadillac branco conversível,
visto na incerta manhã por olho grande a
deslizar bacana pela Avenida Maracanã?

O que foi feito do Fusquinha 68
do namorado animado da prima linda,
com o adesivo enorme de uma margarida,
mensagem paz-e-amor de viés na tampa do motor?

E o Vauxhall preto conseguido de segunda
mão, que o pai remediado, numa noite e tanto,
trouxe para casa e fomos todos à rua
em grande estreia da família de automóvel
(mas babau, *that's all*, porque na primeira esquina
motorista ansioso avançou seu nariz e o
do carrinho, que um baita Saenz Peña-Usina amarfanhou)?

Também tinha o jipe sem capota do Bill,
um Candango peidando no vento até a Barra,
ele eu minha irmã um violão, cena de praia,
mas hoje não me vem qual música cantávamos,
seria a última do Roberto, a de acabar comigo?

Existiu mesmo o Landau do Dino, será
possível ter sofás de Onassis como bancos?
Verdade que um menino girava o volante
com o toque de um só dedo, como alguém que sonhando ande?

Para que tantos carros vindos de tão longe,
buzinando em coro uníssono na lembrança,
pousada no meio-fio da Adalberto Aranha?
É que enquanto bate *un martello* aquela Rita
na porta entreaberta do meu entendimento,
voltando no tempo poucos passos adiante,
alguém vai ser apanhado no impecável quartel
                                      [da Barão de Mesquita.

Milheiro

Se você está com algum
problema difícil
e precisa de ajuda
urgente,
peça a Santo Expedito,
o santo dos negócios
de pronta solução,
cuja invocação nunca
é tardia.
Em agradecimento,
mandei imprimir
e logo distribuí
um milheiro dessa
oração.
Mande você
também publicá-la,
propagando os benefícios
imediatamente após
o pedido.
Trinta e oito reais o milheiro,
ligue grátis,
entregamos em
qualquer lugar
do Brasil.

(REPRODUÇÃO PROIBIDA)

Laive

Durante muitos anos seguintes ao que se disse
a descoberta da terra de uma santa cruz,
indígenas foram sendo imaginados
como seres terríveis em gravuras
que insinuavam ser comum, talvez diário,
o rito especial chamado antropofágico.

Eram talhadas por artistas d'além-mar,
que jamais os viram e nem bem souberam
do que havia de relatos de quem, de fato,
passou por estas terras ou aqui ficou.

Também gravaram-se montagens de figuras
herdeiras dos bestiários medievais,
como encarnações do diabo entre
os ex-edênicos tornados novos bárbaros.

O presidente, parece que foi ontem,
fez outra laive com borrados descendentes
daqueles povos tantas vezes mal representados.

Bela Vista de relance

I

Mil e uma vezes
           sentiram na pele
                      o quanto custava
tentarem vencer
           degrau por degrau
                      lavrado na pedra
a escadaria que vai
           da Treze de Maio
                      até a Rua dos Ingleses
Nunca faltou quem
           bem instalado no alto
                      vazasse o fôlego alheio
Passaram-se os tempos
           veio mais gente de baixo
                      e a história revirou-se
o lance agora é subir
           sempre outra vez até o topo
                      e depois descer voando
por uma pista inventada
           sobre o grosso corrimão
                      em novíssimos skates
rasurando no granito
           o antigo interdito
                      aos manos pardos e pretos

II

> MAMMA CELESTE
>
> TOTA PULCHRA
>
> ALUGA PARA CASAL SEM FILHOS
>
> TEATRO DO INCÊNDIO
>
> CENTRO ALTERNATIVO DE ACOLHIDA
>
> SOB NOVA DIREÇÃO

III

no bazar sempre aberto
anexo à velha paróquia
abrigo de uma de nossas
senhoras do efêmero socorro
centenas de videocassetes
volumes de enciclopédia
e sapatos de segunda mão
aguardam pacientemente
nenhum próximo cliente

IV

à noite
na boîte
o rui rui

Lá no morro

Pareceu fazer sentido a recomendação do Dieter
antes da caminhada começar
cumprir a subida o mais silenciosamente possível
sem muita conversa
concentrados em vencer aquela estrada morro acima
nem tão pedregosa nem muito íngreme
acompanhando a noite ainda fechada
de poucas estrelas
ir se dissolvendo no amanhecer
Cada um fez o que pôde
e todo mundo estava lá em cima quando o sol saiu

Deu então para perder a vista em lados do próprio morro e
trechos de cerrado e gado quieto no pasto
esparsas plantações
em muita coisa mais
Como o pequeno açude espelhado
ou a névoa baixa
que parecia uma manta comprida cobrindo uma légua de campo
Foi nele e nela que vi surgir no meio do sertão
a materialização de um poema escrito anos atrás

a montanha insone
agasalhada de névoa
a lagoa sonha

Mas o análogo mineiro da cena de Oriente era
conforme me disseram
fumaça se espraiando devagar

vinda de fornos de uma empresa fabricante de carvão
alimentados por aquele reflorestamento de eucaliptos ali

Mais para a esquerda
calmamente deitada
Morro da Garça
Quem vem de passagem pensa que a cidadezinha
sócia da montanha
podia até rebatizar-se da Graça
Porque depois de trazidos por Noemi desde longe
atravessando páginas e páginas de estrada para alcançar
papel e terra adentro
a região onde se ouvem recados desse Morro
vieram dias de guardada hospitalidade
falas e festas musicais
broas tão boas e passeios impensados

Nesse lugar meio parado no tempo
ao mesmo tempo em contato com o grande mundo
através de nuvens e o sem fio da literatura
mulheres como Dona Maria ou Dona Ermita
sabem cantigas e danças
há muito infiltradas no coração do dia a dia
e benzem quem pedir
segurando diferentes qualidades de plantas
assim diria Seu Tico
e na outra mão o celular

Participam disso os meninos seus conterrâneos
que subiram o morro
vestidos à moda de garotos negros de Nova York
na mesma leva em que estávamos nós os de fora

Com fôlego de sobra
foram os primeiros a chegar no topo
e quando amanheceu
gravaram uma longa panorâmica da paisagem
com dois celulares
um para a imagem
outro tocando uma canção de amor neossertaneja
fornecendo a trilha do futuro post

Noutra noite
quem acompanhasse a Folia de Reis pela cidade
teria ido dar com ela
na vereda para a casa de Martha e Dudu
Pelo caminho escuro e comprido
que vai da rua até a soleira
na espera de se desatarem os ritos de entrada
propositalmente separado de meus conhecidos
misturado à gente de lá
— os mais velhos e os casais de várias idades
ajuntamentos de crianças e adolescentes inquietos
músicos e dançarinos se acertando
sobre como proceder na visita —
anônimo ali me distraí de mim
viagem na viagem
imerso em alguma promessa recolhida ou
desde sempre extinta
mas parecendo agora estar à mão por um triz
nos lampejos de conversas
que eram o rumor abafado do entusiasmo
ansiedade alegre que ainda não se pode soltar
flutuação de coisas benignas adivinhadas

na movimentação dos corpos
sob um ou outro facho rápido de lanterna

Coisa diversa e parecida é ser levado por Fátima
ao encontro dos guaianeiros numa tarde quente
debaixo de uma árvore com modos de centenária
Essa dúzia de veteranos da lavoura
entoa cantos de trabalho como ondas
quase imperceptivelmente vindas desde o silêncio
em responsório a uma das vozes
chamando a cada vez o aflorar do coro
Seu cantar é mãe e é filho da camaradagem revezada
feita em dia retirado ao patrão
para cuidar da roça de um deles
Sem nem alterar seu ritmo calmo
também contam piadas e casos
com ironia no entanto sem pontas
a mesma com que falam da luz andeja
a tal vinda não se sabe de onde
que aparece vagando na noite e pode atravessar coisas
O que se esperaria ser apavorante
apontam sem maior assombro
é fato vivido e lembrado
ninguém que seja dali
duvida ser tão excepcional quanto comum

O sertão continua no mundo
e ainda mais o mundo nele agora
que veio no meio da viagem o estouro de Brumadinho
Contar com a existência do excepcional
se contado à moda dos guaianeiros
é o inverso da conversa esquiva de executivos

bruma espessa estendida sobre o suave nome local
quando dizem ser inesperado acidente
e então comum como qualquer acaso
o esperável entornar de lama suja represada
afogando tudo que respira pelo caminho

O que a literatura daquele João mobiliza e inventa
encarando a violência atávica
e o transpassar maravilhoso de obstáculos
como faz a luz andeja
será um dia barragem suficiente para toda brutalidade
                                                          [desgovernada?

a linha comprida do perfil da serra do mar
vista da praia e não só a linha também a figura
irregular de cada pedaço de montanha recortada
que se soma ao tanto de outros para fazer a serra
descoberta não ela toda de verdade só o que a vista
abarca nesse caso e se diz que se soma porque as partes
da montanha são manchas justapostas mais à frente ou mais
mais atrás com seus cinzas azulando diferentes
para longe ou desde lá isso depende de que jeito
a pessoa olha por exemplo se ela está reparando em
como esses cinzas nem são tão diferentes uns dos outros
e ainda menos das cores da água agora que o sol já foi embora
de qualquer maneira repetir palavras como mais
ou linha ou soma outros cinzas serra e algumas
mais é parecido com o que fazem os olhos quando
acompanham a linha no alto repetindo seu quebradiço
quase a cada passo e por isso mesmo sempre outra
que é o avançar da vista inquieta ao longo da silhueta da serra
mas comparar palavras repetidas com o trabalho dos olhos
exige enxergar mentalmente uma espécie de retrato deles
do ponto de vista de quem estivesse então parado
bem na sua frente portanto dando as costas
para a montanha quer dizer não exatamente retrato
porque olhos se movimentam o tempo todo assim como
esses dois seguindo o perfil da serra uma linha
na verdade inexistente e nem por isso deixa de ser
vista por acaso por alguém imaginando que ela seja
um gráfico do que se passa parece até que infinitamente
mesmo com uma mínima coisa que vai no pensamento

as três
sentadas
em fila

        esguias
        de pernas
        cruzadas

        na prancha
        lá longe
        no mar

        só uma
        de leve
        remando

                procuram
                sem pressa
                por nada

seus gestos
desenhos
de ar

        na tarde
        banheira
        cinzenta

        a brisa
        lambendo
        contínua

        alisa
        o ir
        e o estar

                        mais perto
                        agora
                        da beira

meninas
ainda
falando

      ao mesmo
      tempo e
      sem parar

      marulham
      o dia
      que escoa

      como a água
      rabisca
      na areia

                  o que
                  já já
                  não será

  Lembra da subida do morro
      logo antes de chegar no Bonetti?
Estive lá hoje de novo
  Parecia tudo igual
  Por uma brecha na mata
      o mar coruscando
     a praia da Lagoinha ao lado
depois a mesma serra diluindo cinzas
      cada vez mais claros
   e bem perto
vozes de gente fora da minha vista
    brincando na água

Fiquei um tempo à toa esperando
  você aparecer na curva da trilha
     com aquele biquíni de listras
   Quando cansei me dei conta
  de um toco de árvore enviesado na beira
  soltando uma resina translúcida
  Acho que foi cortada para dar passagem às pessoas
   e talvez para também entrar luz
e nascer mais verde em volta
  como fizeram aí onde você já não pode ver as visitas

  Desse resto de árvore saía outra nova
    com poucos centímetros ainda
   mas subindo firme a pino
  Passei a mão assim nela
  e esfreguei entre os dedos a resina escorrida
      para sentir seu cheiro

Foi só isso
Então segui em frente
tentando me concentrar num chapéu-de-sol bem alto
que devia ser não muito mais que uma muda
naquelas últimas férias que passamos ali

Uma vez

Na calçada do outro lado da avenida,
em frente à saída do Aeroparque — sabe?
no meio dos pescadores esquecidos
de horários, escorando o passar dos dias
na mureta com uma ou duas varas
debruçadas no alheamento do Prata,
um deles contava a pode ser que algum
parente mais novo, embora não se
diria que falasse a um filho, como
era tudo por ali em outros tempos.

Vacilava sobre por qual atalho
devolver-se a tanta coisa retirada,
contornando o que mentalmente revia,
e na curva surda de uma música crescendo,
com delícia de até-hoje-não-acredito,
mas sem vaidade de quem exagerasse,
afinal soltou no ar todo o cenário:
Había un lugar donde se bailaba!

Uma vez que

Andando como quem se apressasse,
a mais fotografante do grupo,
num espanhol despenteado,
insiste mais uma vez em saber
se ele também acha que esses ombúes
são naturalmente gregários,
tal qual dizem no youtube,
ou não pensa, assim como ela,
que preferissem crescer livres
por todo o pampa, isolados.

O discreto assistente do guia,
largando o olhar na paisagem,
responde-lhe desenfático:
Señora, lo que pienso es que son árboles.

Eles mesmos

Passando o russo que vende tapioca
e a bilheteira compreensiva ali fora
no célebre Circo do Capão
só se vê sob a lona vermelha
o tanto de gente que cabe
na arquibancada de dez tábuas
um cachorro sem dono dormindo
meia dúzia de caixas de papelão
sem leão esfalfado ou mais nada
no tablado todo forrado de preto

Pois de onde saiu esse par
de palhaços abelhas-em-férias
atração única dessa noite
com mímicas para outro mel
revirando no ar eles mesmos
os olhos plausíveis do público
o comboio dos minutos
certa perna confundida
toda espera sem prêmio
coisas oh inexistentes
a memória submissa
a filha que também veio
uma beirada de nada
os favos das caixas vazias
agora já meio desfeitas
como eu puxado de susto
para um número debaixo das luzes
e aplaudido ao lado deles?

Viço

Uma única vez fui a Ubá.
Minha mãe sim, bem mais.
Principalmente nasceu lá.

Pouca coisa dispõe a lembrança,
um instante de arame farpado na estrada,
atrás dele um pedaço indeciso de pasto
para sempre suspenso,
como o agrimensor que não conheci,
e assim mesmo foi meu avô.

Pernas difusas vão pela calçada,
um borrão verde de praça na frente
da casa em que ela e ele talvez moraram,
o microfone da rádio
que jamais e tantas vezes pude ver,
porque uma noite, dizem,
a voz dela subiu de lá melódica pelos ares,
sereia igual a uma Carmen
anunciando que o mundo ia se acabar.

Mas uma vez que não aconteceu
ainda, tudo gira e flutuamos
não sei onde nele, eu e
a que gerou, quem sabe, aquele Nelson sonoroso,
filho dessa mesma terra que parira Ary.
Bem delineada em conversas e casos de hábito,
cabelo acho que preto,
o nariz suposto fino,

conforme a imagem inexistente na caixa de fotografias,
apesar de bem mais velha,
no meu desejo de crescer para ela,
equilibrávamos.

Meus tios tão jovens magníficos mortos,
e eu sequer existia,
coisas e gentes que nem
eles vislumbres palavras no bangalô da memória
descolam-se agora do fundo,
como as sei lá se lorotas contadas sobre Viçosa,
cidade próxima e de viço passado despercebido,
que provo por fim em tudo o que sobra.

Astolfo coletou em fazendas distantes,
lá onde vivia a medir terras de Minas,
a porcelana inglesa de estampas chinesas
com que — bom fermento para o pequeno mundo
de histórias sempre repetidas na família —
gente bruta dava de comer à criação.
Pires, pratos, travessas, sopeiras de então
serviram a filharada que fez com a prima.

Morreram cedo os meninos e o agrimensor
não chegou a ver o Rio. Na capital,
instalou-se um matriarcado produzindo,
com seus maridos sem ferrão, a descendência
que pouco cuidou de juntar gentes e louças.
Sem dor, o azul no branco guardou-se vazio
de alimentos ou parentes em refeição.

Esse Goeldinho na parede
irradia lá do seu momento,
um dia posto ao contrário,
com não sei dizer quem nele.

Quase sempre se o encaro mostra
um novo traço, alguma mancha,
como os que agora vão nascendo
no meu rosto, e mesmo assim
a cada vez nos reconheço.

Vem de longe e há de ter longa vida
comigo sua estreita luz parada,
e se me perguntam digo sim,
não vacilei quando passou na minha frente.

Mas sei bem que ele não é meu.
Eu é que estou só
passando um tempo por ele.

De fora

não adivinho o que estariam dizendo
mãos lado a lado ocupadas no canteiro

vexame na festa problema com vizinho neném novo
daqui não se distingue
parecem acordos perguntas surpresas risos

música de riacho na cidade
contra o ruído branco do fundo da manhã
a fala agachada do casal de jardineiros

quando
fim de tarde
sem aviso
venta

a
s
fol
has
br
ilham
em
ver
des
difer
ente
s

quem
sabe não
são certos
sinais
mas quais?

```
                    o
                   beij

              — já foi —

                    a
                   flor
```

```
                                    w
                                   de
                                  the
                               receive
                                to
                            itself
                        lifts
                      leaf
                   little
                a
```

o bem-te-vi vem quase todo dia
(será hoje o de ontem?)
tomar um banho nervoso
triscando a superfície da água
em vários voos curtos de uma
borda à outra da piscina e
assim a seu modo apenas
a si mesmo anuncia

já o pato viajante desgarrado
pousado por instantes ali
lavando o cansaço com
dois mergulhos olímpicos
em travessias pelo fundo
de fora a fora num só lance
antes de seguir seu rumo
sabe-se lá de quando para
qual promessa de onde
foi quem deixou o cachorro
extático e confiante

Pode ser até que algum curta-
-metragem do Norman McLaren
tenha tido efeito não projetado
animando quem estava de papo
vai papo vem no hall do cineclube
antes de começar a sessão principal
Mas foi quando no escuro os dois
quase morreram de tanto rir
daquele trailer de Monty Python
e o Cálice Sagrado em que o locutor
é sempre interrompido e obrigado
a voltar com as imagens lá do início
para dizer novamente o seu texto
e a cada parada o som da trilha
desacelera num glissando presto
que a vida pareceu valer mesmo
se indo em falso ou pelo avesso

Nessa hora ela se convenceu
de que com ele iria querer
indefinidamente repetir

Dois

I

Já um pouco sonolento
deixou o livro de lado
e subiu as escadas
para ir escovar os dentes

Passando pelo quarto
perguntou a ela
lendo recostada na cama
Onde a pessoa pode comprar um caleidoscópio?
Não veio resposta e ela disse
Qual o contrário de promissor?

II

Segunda-feira ainda está longe
mas você pode me chamar a qualquer hora
até eu morrer
E depois também

Autores cultos da Antiguidade
diziam citar de memória
os seus antecessores ilustres
fingindo propositalmente uma
ou outra alteração para indicar
que acessavam os textos de cor

Expertos em digital marketing
fingem pequenos erros
em mensagens comerciais
para depois enviar erratas
que têm taxas de visualização
maiores que as da mensagem original

O poeta é um
              etcetera?

NOTAS DO AUTOR

"Tongue", para Noemi Jaffe, em 15 de outubro de qualquer ano.
"Viço" e "[Astolfo coletou]", para Risa e Antonio Carlos Maciel de Carvalho.
"[o bem-te-vi vem quase todo dia]", para a Samba.

"Soleira", "Sentido Tijuca", "Milheiro" e "Laive", publicados na revista *piauí*,
n. 184, jan. 2022.
"Bela Vista de relance I", publicado na revista *Flaneur 7* — São Paulo, spring 2018.
"[A linha comprida do perfil da serra do mar]", publicado na revista *Ouriço*,
n. 2, 2022.

Agradecimentos:
Alberto Martins, Fabrício Corsaletti, Marcos Ribeiro, Fernando Laszlo.

Copyright © 2024 João Bandeira

Todos os direitos reservados. Nenhuma parte desta obra pode ser reproduzida, arquivada ou transmitida de nenhuma forma ou por nenhum meio sem a permissão expressa e por escrito da Editora Fósforo.

DIREÇÃO EDITORIAL Fernanda Diamant e Rita Mattar
COORDENAÇÃO DA COLEÇÃO E EDIÇÃO Tarso de Melo
COORDENAÇÃO EDITORIAL Juliana de A. Rodrigues
ASSISTENTES EDITORIAIS Millena Machado e Rodrigo Sampaio
REVISÃO Eduardo Russo
DIRETORA DE ARTE Julia Monteiro
IMAGEM DE CAPA "Tongue", de João Bandeira, fotografado por Maurício Bacellar
IMAGEM P. 4 Sem título, de João Bandeira, fotografado por Hilton Ribeiro
PROJETO GRÁFICO Alles Blau
EDITORAÇÃO ELETRÔNICA Página Viva

Dados Internacionais de Catalogação na Publicação (CIP)
(Câmara Brasileira do Livro, SP, Brasil)

Bandeira, João
  E depois também / João Bandeira. — 1. ed. — São Paulo : Círculo de Poemas, 2024.

  ISBN: 978-65-6139-001-9

  1. Poesia brasileira I. Título.

24-207159   CDD — B869.1

Índice para catálogo sistemático:
1. Poesia : Literatura brasileira   B869.1
Aline Graziele Benitez — Bibliotecária — CRB-1/3129

circulodepoemas.com.br
fosforoeditora.com.br

Editora Fósforo
Rua 24 de Maio, 270/276, 10º andar
01041-001 — São Paulo/SP — Brasil

A marca FSC® é a garantia de que a madeira utilizada na fabricação do papel deste livro provém de florestas gerenciadas de maneira ambientalmente correta, socialmente justa e economicamente viável e de outras fontes de origem controlada.

CÍRCULO DE POEMAS

LIVROS

1. **Dia garimpo.** Julieta Barbara.
2. **Poemas reunidos.** Miriam Alves.
3. **Dança para cavalos.** Ana Estaregui.
4. **História(s) do cinema.** Jean-Luc Godard (trad. Zéfere).
5. **A água é uma máquina do tempo.** Aline Motta.
6. **Ondula, savana branca.** Ruy Duarte de Carvalho.
7. **rio pequeno. floresta.**
8. **Poema de amor pós-colonial.** Natalie Diaz (trad. Rubens Akira Kuana).
9. **Labor de sondar [1977-2022].** Lu Menezes.
10. **O fato e a coisa.** Torquato Neto.
11. **Garotas em tempos suspensos.** Tamara Kamenszain (trad. Paloma Vidal).
12. **A previsão do tempo para navios.** Rob Packer.
13. **PRETOVÍRGULA.** Lucas Litrento.
14. **A morte também aprecia o jazz.** Edimilson de Almeida Pereira.
15. **Holograma.** Mariana Godoy.
16. **A tradição.** Jericho Brown (trad. Stephanie Borges).
17. **Sequências.** Júlio Castañon Guimarães.
18. **Uma volta pela lagoa.** Juliana Krapp.
19. **Tradução da estrada.** Laura Wittner (trad. Estela Rosa e Luciana di Leone).
20. **Paterson.** William Carlos Williams (trad. Ricardo Rizzo).
21. **Poesia reunida.** Donizete Galvão.
22. **Ellis Island.** Georges Perec (trad. Vinícius Carneiro e Mathilde Moaty).
23. **A costureira descuidada.** Tjawangwa Dema (trad. floresta).
24. **Abrir a boca da cobra.** Sofia Mariutti.
25. **Poesia 1969-2021.** Duda Machado.
26. **Cantos à beira-mar e outros poemas.** Maria Firmina dos Reis.
27. **Poema do desaparecimento.** Laura Liuzzi.
28. **Cancioneiro geral [1962-2023].** José Carlos Capinan.
29. **Geografia íntima do deserto.** Micheliny Verunschk.
30. **Quadril & Queda.** Bianca Gonçalves.
31. **A água veio do Sol, disse o breu.** Marcelo Ariel.

PLAQUETES

1. **Macala.** Luciany Aparecida.
2. **As três Marias no túmulo de Jan Van Eyck.** Marcelo Ariel.
3. **Brincadeira de correr.** Marcella Faria.
4. **Robert Cornelius, fabricante de lâmpadas, vê alguém.** Carlos Augusto Lima.
5. **Diquixi.** Edimilson de Almeida Pereira.
6. **Goya, a linha de sutura.** Vilma Arêas.
7. **Rastros.** Prisca Agustoni.
8. **A viva.** Marcos Siscar.
9. **O pai do artista.** Daniel Arelli.
10. **A vida dos espectros.** Franklin Alves Dassie.
11. **Grumixamas e jaboticabas.** Viviane Nogueira.
12. **Rir até os ossos.** Eduardo Jorge.
13. **São Sebastião das Três Orelhas.** Fabrício Corsaletti.
14. **Takimadalar, as ilhas invisíveis.** Socorro Acioli.
15. **Braxília não-lugar.** Nicolas Behr.
16. **Brasil, uma trégua.** Regina Azevedo.
17. **O mapa de casa.** Jorge Augusto.
18. **Era uma vez no Atlântico Norte.** Cesare Rodrigues.
19. **De uma a outra ilha.** Ana Martins Marques.
20. **O mapa do céu na terra.** Carla Miguelote.
21. **A ilha das afeições.** Patrícia Lino.
22. **Sal de fruta.** Bruna Beber.
23. **Arô Boboi!** Miriam Alves.
24. **Vida e obra.** Vinicius Calderoni.
25. **Mistura adúltera de tudo.** Renan Nuernberger.
26. **Cardumes de borboletas: quatro poetas brasileiras.** Ana Rüsche e Lubi Prates (orgs.).
27. **A superfície dos dias.** Luiza Leite.
28. **cova profunda é a boca das mulheres estranhas.** Mar Becker.
29. **Ranho e sanha.** Guilherme Gontijo Flores.
30. **Palavra nenhuma.** Lilian Sais.
31. **blue dream.** Sabrinna Alento Mourão.

Que tal apoiar o Círculo e receber poesia em casa?

O que é o Círculo de Poemas? É uma coleção que nasceu da parceria entre as editoras Fósforo e Luna Parque e de um desejo compartilhado de contribuir para a circulação de publicações de poesia, com um catálogo diverso e variado, que inclui clássicos modernos inéditos no Brasil, resgates e obras reunidas de grandes poetas, novas vozes da poesia nacional e estrangeira e poemas escritos especialmente para a coleção — as charmosas plaquetes. A partir de 2024, as plaquetes passam também a receber textos em outros formatos, como ensaios e entrevistas, a fim de ampliar a coleção com informações e reflexões importantes sobre a poesia.

Como funciona? Para viabilizar a empreitada, o Círculo optou pelo modelo de clube de assinaturas, que funciona como uma pré-venda continuada: ao se tornarem assinantes, os leitores recebem em casa (com antecedência de um mês em relação às livrarias) um livro e uma plaquete e ajudam a manter viva uma coleção pensada com muito carinho.

Para quem gosta de poesia, ou quer começar a ler mais, é um ótimo caminho. E para quem conhece alguém que goste, uma assinatura é um belo presente.

**CÍRCULO
DE POEMAS**

Este livro foi composto em GT Alpina
e GT Flexa e impresso pela gráfica
Ipsis em maio de 2024.
Luz andeja, vinda não se sabe de onde,
que aparece vagando na noite
e pode atravessar coisas.